NOTE SUR UN NOUVEAU PROCÉDÉ

DE

PANSEMENT DES PLAIES

PAR

LE Dr DUCHÊNE

(DE GIVORS)

Médecin des mines de Firminy
Membre correspondant de la Société de médecine de Lyon, etc

LYON

ASSOCIATION TYPOGRAPHIQUE

G. RIOTOR, RUE DE LA BARRE, 12

—

1877

AF240070

NOTE SUR UN NOUVEAU PROCÉDÉ

DE

PANSEMENT DES PLAIES

PAR

LE Dr DUCHÊNE

(DE GIVORS)

Médecin des mines de Firminy,
Membre correspondant de la Société de médecine de Lyon, etc.

LYON

ASSOCIATION TYPOGRAPHIQUE

C. RIOTOR, RUE DE LA BARRE, 12

1877

(Extrait du Lyon Médical).

NOTE SUR UN NOUVEAU PROCÉDÉ

DE

PANSEMENT DES PLAIES

Me trouvant chargé, à la résidence de Firminy (Loire), d'un service médico-chirurgical très-considérable, en qualité de médecin de deux compagnies de mines, dont l'une surtout très-importante, celle de Roche-la-Molière et Firminy, de plusieurs usines métallurgiques de la localité, plus d'une section du chemin de fer Paris-Lyon-Méditerranée, j'ai naturellement affaire, dans ma pratique journalière, à des accidents de toute nature et en nombre tel que, pour y suffire, j'ai dû rechercher les méthodes de pansement les plus expéditives, en même temps que les plus efficaces. Or, après avoir fait l'essai de divers systèmes, parmi les plus préconisés, sans avoir pu m'arrêter à aucun, j'ai fini par m'abandonner à mes propres inspirations et à en imaginer un qui m'a donné, depuis près de vingt ans, des résultats tellement satisfaisants qu'il me semble de mon devoir de le faire connaître, en engageant tous mes confrères à l'expérimenter à leur tour, afin de pouvoir ensuite juger par eux-mêmes des avantages qu'il présente et qui me semblent assurer sa supériorité.

Déjà, en 1873, et après une longue expérimentation, j'a-

vais exposé à mes excellents collègues de la Société de médecine de Saint-Étienne cette nouvelle méthode de pansement,
à l'occasion d'un fait de régénération osseuse observé dans
ma pratique, fait très-remarquable et qui m'avait semblé dû
en grande partie à l'application de mon mode de pansement.
Depuis, de nombreuses observations, qu'il serait trop long de
rappeler ici, sont venues me confirmer dans l'opinion que
j'avais réellement trouvé quelque chose d'utile ; c'est pour-
quoi, et sans plus de préambule, j'aborde la description de
ce procédé.

Aussitôt que je suis appelé auprès d'un blessé, et quelle
que soit la nature et la gravité de sa blessure, que la plaie
ait été produite par un instrument tranchant ou par écrasement (ce qui est le cas que je rencontre le plus fréquemment),
qu'elle soit compliquée ou non de fracture, simple ou comminutive, etc., je nettoie d'abord la plaie avec soin ; puis, ayant
essuyé, je rapproche aussi bien que possible les lambeaux au
moyen de bandelettes agglutinatives de diachylon, suffisam-
ment espacées pour permettre au pus qui se formerait de
s'écouler. Puis, sur ces bandelettes, j'étends un lit de charpie
dans le but de recueillir et d'absorber ce pus, à mesure qu'il
se forme.

Je recouvre ensuite ce lit de charpie d'une couche plus ou
moins épaisse de charbon végétal pulvérisé, que je renferme par-
fois dans une compresse de linge à tissu peu serré, de manière
à en former une sorte de matelas destiné à absorber à son tour
les miasmes provenant du pus dont la charpie peut être im-
prégnée. Et, ne me contentant pas de recouvrir seulement la
plaie avec la charpie et le charbon, j'étends encore les couches
de ces substances, de manière à ce qu'elles enlacent, selon que
je le trouve opportun, le membre dans toute sa circonférence.

Enfin, j'enveloppe le tout de compresses et de bandes que j'imbibe de baume du Commandeur, afin d'obtenir ainsi une croûte aromatique, isolant le membre du contact de l'air extérieur et des ferments dont il est le véhicule, ce qui permet à la nature d'opérer sans trouble son travail réparateur.

Il va sans dire que, dans le cas où la plaie est compliquée de fracture, j'ajoute des attelles flexibles (ordinairement en bois de noyer) et place le membre dans une gouttière *ad hoc*. De même aussi, quand je ne suis pas absolument sûr que la charpie est saine, je l'expose préalablement à la vapeur de l'acide phénique ou autre désinfectant. Enfin, l'expérience m'a encore appris qu'il était tout aussi bon de se servir de foin pour garnir la gouttière que de coton ou de toute autre substance analogue, mais plus coûteuse ; ce qui, dans les campagnes surtout, offre un avantage marqué sous le rapport de l'économie et de la facilité à se le procurer et par conséquent à renouveler la matière première.

Mais tous ces détails ne sont évidemment que les accessoires — indispensables, d'ailleurs, — de la méthode en elle-même, laquelle, pour moi, consiste essentiellement dans l'emploi judicieux du charbon végétal pour neutraliser les effets délétères du pus provenant de la plaie, aussi bien que ceux des miasmes ou des ferments du dehors, dont l'introduction est encore empêchée par la croûte aromatique superficielle du pansement; de telle sorte qu'elle réunit tous les avantages de la méthode dite d'*occlusion*, avec d'autres qui lui sont propres. Ainsi, sans même parler de son extrême simplicité, on peut, à volonté, lever l'appareil toutes les fois qu'on le juge à propos, ou bien le laisser presque indéfiniment, ou du moins pendant un laps de temps d'une longueur jusqu'à présent inusitée, et cela, sans nul inconvénient pour le blessé. C'est ainsi

que j'ai pu attendre *jusqu'à cinquante-cinq jours* avant de renouveler le pansement d'une fracture comminutive de la jambe
avec écrasement des chairs sur une large surface et issue des
fragments ; et, quand j'ai levé l'appareil, la plaie, effrayante
au début, était presque cicatrisée et les os presque entière-
ment consolidés. Il est même très-probable que si j'eusse
attendu encore plus longtemps, la guérison se fût achevée
toute seule, sans que j'eusse eu besoin de renouveler une
seule fois le pansement.

De tels résultats ne sont-ils pas de nature à attirer l'atten
tion sérieuse des praticiens sur ce mode de pansement qui ne
m'a jamais failli et ne m'a jamais laissé à déplorer d'accidents consécutifs ! Enfin, j'y trouve encore cet avantage que
dans les cas où la nécessité de l'amputation devient dou-
teuse, l'on peut attendre, sans aucun danger, que la situa-
tion se soit nettement dessinée.

Je crois même pouvoir attribuer à l'influence de ce pansement certains faits très-remarquables, tels que le dévelop-
pement de bourgeons charnus sur des extrémités d'os dé-
nudés et complètement dépouillés de leur périoste dans une
étendue de plusieurs centimètres, et où l'indication naturelle
était de réséquer, opération dont on a ainsi pu se dispenser en
conservant au squelette du membre sa dimension normale.

Maintenant, que l'on dise de ce procédé qu'il n'est pas
nouveau, puisque, depuis longtemps déjà, le charbon végétal
qui d'après moi-même en fait la base essentielle, est re-
connu comme absorbant des miasmes putrides et des hu-
meurs corrompues ? Je répondrai seulement qu'il ne suffit
pas que l'on ait constaté, *depuis longtemps déjà*, certaines
vertus thérapeutiques d'une substance pour être en droit de
dédaigner une méthode de traitement qui s'appuie sur un

mode particulier d'usage de cette même substance ; car c'est surtout dans ma manière d'employer le charbon végétal que réside, selon moi, la valeur principale du procédé. Sans doute que, depuis longtemps on emploie le charbon végétal comme anti-putride et absorbant. Mais l'emploie-t-on dans les mêmes circonstances et tout à fait de la même façon que moi ? C'est ce dont je me permets de douter, et c'est pour cela que j'en parle encore. En effet, il me semble que si l'on eût déjà opéré exactement comme je viens de l'indiquer, l'on eût infailliblement obtenu aussi les mêmes succès que moi, succès en présence desquels aucune discussion n'existerait plus sur l'excellence de la méthode. Il est vrai que je n'aurais plus alors à en réclamer la découverte, mais je me trouverais amplement dédommagé de cette petite satisfaction d'amour-propre par cette autre que j'estime beaucoup plus grande et plus digne : celle de voir déjà réalisé le progrès que je poursuis et en vue duquel je livre aujourd'hui ces quelques lignes à la publicité.

www.ingramcontent.com/pod-product-compliance
Lightning Source LLC
LaVergne TN
LVHW050436060726
842526LV00007B/2614